Ausdauertrainingsplanung für eine Person mit mindestens zwölf Monaten Trainingserfahrung

Bibliografische Information der Deutschen Nationalbibliothek:

Die Deutsche Nationalbibliothek verzeichnet diese Publikation in der Deutschen Nationalbibliografie; detaillierte bibliografische Daten sind im Internet über http://dnb.d-nb.de abrufbar.

ISBN: 9783389033180
Dieses Buch ist auch als E-Book erhältlich.

Druck und Bindung: Books on Demand GmbH, Norderstedt Germany
Gedruckt auf säurefreiem Papier aus verantwortungsvollen Quellen

Das vorliegende Werk wurde sorgfältig erarbeitet. Dennoch übernehmen Autoren und Verlag für die Richtigkeit von Angaben, Hinweisen, Links und Ratschlägen sowie eventuelle Druckfehler keine Haftung.

Das Buch bei GRIN: https://www.grin.com/document/1474200

Deutsche Hochschule für
Prävention und Gesundheitsmanagement
Hermann-Neuberger-Sportschule 3
66123 Saarbrücken

Hausarbeit

Studiengang	Gesundheitsmanagement
Studienmodul	Trainingslehre II
Datum Präsenzphase (siehe Ergebnisdokumentation)	17.04.2023-19.04.2023
Aufgabe	Erstellung einer Trainingsplanung für das Ausdauertraining für eine Person mit mindestens zwölf Monaten Ausdauertrainingserfahrung

Inhaltsverzeichnis

1   Teilaufgabe 1 – Diagnose

Im Folgenden werden die allgemeinen und biometrischen Daten sowie die Belastbarkeit und Trainierbarkeit der Testperson beschrieben.

1.1   Allgemeine und biometrische Daten

In Tabelle 1 werden die allgemeinen und biometrischen Daten der Testperson dargestellt.

Tab. 1: Allgemeine und biometrische Daten der Testperson (eigene Darstellung)

Allgemeine Daten	
Alter:	22 Jahre
Geschlecht:	weiblich
Körpergröße:	180 cm
Körpergewicht:	66 kg
Körperfettanteil (KFA):	28% (Beurteilung: etwas Übergewichtig, (Gallhagher et. al., 2000) Gemessen mit Bioelektrischer Impendanz Waage
Trainingsmotive:	Senkung des Ruhepulses, Körperfettreduktion, Senkung des Blutdrucks
Berufliche Tätigkeiten:	Duale Studentin, 35 Stunden als Verwaltungsassistentin (sitzende Tätigkeit)
Aktuelle sportliche Aktivitäten:	Seit einem Jahr 2x wöchentlich Fahrradergometer/ Spinningkurs Erste 6 Monate 2x wöchentlich 25 min. Trainingszeit auf dem Fahrradergometer 7. Monat bis jetzt 2x wöchentlich 40 min. Spinningkurs
Frühere sportliche Aktivitäten:	2 Jahre Kinderturnen, 1x 1 Stunde pro Woche 4 Jahre Turnier Reiten, 3x 1 Stunde pro Woche
Zeitlicher Verfügungsrahmen:	3x pro Woche 1 Stunde
Biometrische Daten	
Blutdruck:	125/82 mmHg (Normwert 120/80 mmHg)
Ruhepuls:	75 S/min (Normwert Ruhepuls des Durchschnittsbürgers: zwischen 60 und 80 S/min.

	Frauen: etwas höheren Ruhepuls (>70 S/min) als Männer (Weineck, 2003, S. 50)
Orthopädische/internistische Probleme:	keine
Ärztliche Behandlungen:	keine
Einnahme von Medikamenten:	keine
Sonstige gesundheitliche Einschränkungen:	keine
Belastbarkeit und Trainierbarkeit der Person	

Die Testperson hat eine 12-monatige Ausdauertrainingserfahrung und ist somit fortgeschritten im Bereich Ausdauertraining. Der Blutdruck der Testperson liegt im normalen Bereich (vgl. Tab. 2). Der Ruhepuls ist mit 75 S/min etwas erhöht. Dieser wurde durch messen des Pulses an 4 Tagen direkt nach dem Aufstehen ermittelt. Es bestehen keine gesundheitlichen Probleme oder Einschränkungen. Für die Testperson kann ein individueller Trainingsplan ohne Einschränkungen erstellt werden.

Tab. 2: Klassifikation des Blutdrucks (modifiziert nach Deutsche Gesellschaft für Kardiologie- Herz- und Kreislaufforschung e.V. & Deutsche Hochdruckliga e.V., 2018, S.11)

Bewertungsstufen	Systolischer Blutdruck	Diastolischer Blutdruck
Normblutdruck (Normotonie)		
Blutdruck Optimal	< 120 mmHg	< 80 mmHg
Blutdruck Normal	120-129 mmHg	80-84 mmHg
Blutdruck Hochnormal	130-139 mmHg	85-89 mmHg
Bluthochdruck (arterielle Hytertonie)		
Hypertonie Stufe 1	140-159 mmHg	90-99 mmHg
Hypertonie Stufe 2	160-179 mmHg	100-109 mmHg
Hypertonie Stufe 3	> 180 mmHg	> 110 mmHg

Die Testperson hat einen Blutdruck von 125/82 mmHg. Dies entspricht laut der Klassifikation in Tabelle 2 dem Normalwert und stellt somit keine gesundheitliche Einschränkung für die Trainingsplanung dar.

1.2 Leistungsdiagnostik/Ausdauertestung

Im Folgenden wird ein individuell geeigneter Ausdauertest auf dem Fahrradergometer mit der Testperson durchgeführt und beschrieben.

1.2.1 Begründung des ausgewählten Testverfahrens

Für die Testperson wird der IPN-Fahrradergometer-Ausdauertest (kurz IPN-Test®) mit der Testdurchführung des Hollmann-Venrath-Tests ausgewählt, da die Testperson schon eine 12-monatige Ausdauertrainingserfahrung hat und somit als trainierte Frau gilt. Ebenfalls kann der Testperson eine Belastbarkeit von 150 Watt zugetraut werden, da sie regelmäßig ein moderates Ausdauertraining durchführt. Diese Voreinstufung erfolgte nach Trunz (2001) und IPN (2004).

1.2.2 Durchführung des Testverfahrens

In der folgenden Tabelle wird der Testverlauf inklusive aller relevanten Parameter dargestellt. Die Herzfrequenz der Testperson wird nach jeder Minute mit Hilfe eines Pulsgurtes und einer Pulsuhr ermittelt und dokumentiert.

Tab. 3: Testprotokoll (eigene Darstellung)

Eingangsbelastung:	30 Watt			
Belastungssteigerung:	40 Watt			
Stufendauer:	3 min			
Trittfrequenz:	70 U/min.			
Belastung:	Submaximale Belastung/Stufentest			
Anmerkung:	- Testperson fühlt sich fit - Zum Testzeitpunkt hat die Testperson keine gesundheitlichen Einschränkungen			
Pulsobergrenze:	150 S/min			
Zeit:	Watt:	Hf1:	Hf2:	Hf3:
0-3 min.	30	93	95	95
3-6 min.	70	101	108	112
6-9 min.	110	120	127	128
9-12 min.	150	135	140	142
12-15 min.	190	149	152	156
Watt gesamt:	176,66 Watt			
Watt/kg:	2,67 Watt/kg			
Bewertung nach Normtabelle IPN (2004):	Überdurchschnittlich (☺☺)			

1.2.3 Bewertung des Testverfahrens

Die Testergebnisse ergaben eine bei der Pulsobergrenze erreichte Wattleistung von 176,66 Watt. Dies entspricht 2,67 Watt pro Kilogramm Körpergewicht (176,66 : 66 kg). Die Testperson ist nach IPN-Normtabelle (Institut für Prävention und Nachsorge, 2004) als Überdurchschnittlich (☺☺) zu bewerten. Die Pulsobergrenze (=Abbruchgrenze) wurde nach 14 Minuten erreicht. Die fünfte Stufe wurde unter gleicher Wattleistung (190 Watt) noch bis zum Ende durchgeführt. Die Stufe endete mit einer Schlagzahl von 156 S/min. Gemäß Kettenis & Eifler (2022) wurde bei der Berechnung der Testgröße nur der Anteil der Stufe bis zur Erreichung der Abbruchgrenze berücksichtigt. Nach zwei Minuten der fünften Stufe hat die Testperson die Pulsobergrenze von 150 S/min erreicht. Dementsprechend wird die Wattleistung der fünften Stufe nur mit 2/3 bewertet. Somit wurde die auf das Körpergewicht bezogene relative Wattleistung ermittelt: 176,66 Watt (Stufe 1-4 150 Watt + Stufe 5 (Zeitinterpoliert (2/3 von 40 Watt = 26,66 Watt)) = 176,66 Watt.

Tab. 4: Normtabelle für submaximale Radergometertests - Relative Watt-Soll-Leistung (Watt pro kg) bei Frauen (modifiziert nach IPN, 2004, S.8)

Alter Intensität	<30	Bewertung
0,50	1,15	☹☹
0,51	1,20	☹☹
0,52	1,25	☹☹
0,53	1,30	☹☹
0,54	1,35	☹☹
0,55	1,40	☹
0,56	1,45	☹
0,57	1,50	☹
0,58	1,55	☹
0,59	1,60	☹
0,60	1,70	Ø
0,61	1,80	Ø
0,62	2,00	Ø
0,63	2,10	☺
0,64	2,30	☺
0,65	2,40	☺
0,66	2,60	☺☺
0,67	2,80	☺☺
0,68	3,00	☺☺
0,69	3,20	☺☺
0,70	3,40	☺☺

Die Leistungsergebnisse der Testperson sind im markierten grünen Bereich dargestellt und geben Auskunft über ihre erzielte Wattleistung.

1.3 Gesundheits- und Leistungsstatus der Person

Die Testergebnisse zeigen, dass die Testperson trotz ihrer sitzenden Tätigkeit eine sehr gute Ausdauerleistungsfähigkeit hat. Dafür hat das bereits erfolgte Training seit einem Jahr gesorgt. Es bestanden während des Testes keine gesundheitlichen Einschränkungen. Nun kann für die Testperson problemlos eine Ausdauertrainingsplanung erfolgen.

2 Teilaufgabe 2 - Zielsetzung/Prognose

Im Folgenden werden die Ziele der Testperson mit Hilfe eines Trainers festgelegt.

Tab. 5: Zielsetzung (eigene Darstellung)

Ziele	Ziel 1	Ziel 2	Ziel 3
Inhalt	Senkung des Ruhepulses (momentan 75 S/min.)	Körperfettreduktion (momentan 28%)	Senkung des Blutdrucks in den Optimalbereich (momentan 122/82mmHg)
Ausmaß	-4 S/min	-3% Körperfettanteil	-7 mmHg systolisch und -5 mmHg diastolisch
Zeit	10 Wochen	6 Monate	5 Monate

Die Testperson hat keine gesundheitlichen Einschränkungen und es wird davon ausgegangen, dass sie das Training regelmäßig durchführen wird. Als erstes Ziel wurde die Senkung des Ruhepulses um -4 S/min in zehn Wochen festgelegt. Dies ist durch ein 3-4-mal wöchentliches Ausdauertraining von 45-60 Minuten möglich. Der Ruhepuls senkt sich durch das regelmäßige Ausdauertraining um ca. ½ S/min pro Woche. Dieses Ziel kann somit also erreicht werden. Das zweite Ziel, welches festgelegt wurde, ist die Körperfettreduktion innerhalb von sechs Monaten um drei Prozent. Laut Eifler (2022, S. 48) ist eine Körperfettreduktion von 250 bis 500 Gramm pro Woche realistisch. Somit kann auch dieses Ziel erreicht werden. Als drittes Ziel wurde die Senkung des Blutdrucks um 7 mmHg systolisch und 5 mmHg diastolisch festgelegt. Auch das Ziel kann durch das Ausdauertraining von 3-4-mal 45-60 Minuten innerhalb von fünf Monaten erreicht werden. Denn durch das regelmäßige Ausdauertraining kann der Blutdruck um ca. 5-10 mmHg systolisch und ca. 5-8 mmHg diastolisch innerhalb von 8-12 Wochen gesenkt werden.

3 Teilaufgabe 3 – Trainingsplanung Mesozyklus

Im Folgenden wird für die Testperson ein Mesozyklus mit Hilfe eines Trainers erstellt.

3.1 Grobplanung Mesozyklus

Im Folgenden wird die Grobplanung in Form eines 8-wöchigen Mesozyklus erstellt.

Tab. 6: Grobplanung des 8-wöchigen Mesozyklus (eigene Darstellung)

Dauer des Mesozyklus:	8 Wochen
Spezifische Trainingszielsetzung / bzw. Trainingsbereich:	- Verbesserung der GA1
	- Senkung des Blutdrucks
	- Senkung des Ruhepulses
	- Körperfettreduktion
Wöchentlicher Gesamttrainingsumfang:	3 Stunden
Trainingsmethode:	- extensive Dauermethode (EDM)
	- intensive Dauermethode (IDM)
	- extensive Intervallmethode (EIM)
Belastungsintensität:	- 50-60% Hfmax (regenerativ)
	- 60-75% Hfmax (extensiv)
	- 75-85% Hfmax (intensiv)
	- 80-90% Hfmax (extensiv Intervall)
Trainingshäufigkeit pro Woche:	3x pro Woche
Trainingsdauer pro Trainingseinheit:	- 45 min (regenerativ)
	- 40-90 min (extensiv)
	- 45 min (intensiv)
	- 30-50 min inklusive Pausen (extensiv Intervall)
Ausdauertrainingsgerät / bzw. Bewegungsform:	Fahrradergometer, Laufband

3.2 Detailplanung Mesozyklus

Im Folgenden wird die Detailplanung des oben aufgeführten Mesozyklus dargestellt.

Tab. 7: Detailplanung Mesozyklus (eigene Darstellung)

Woche 1	Montag	Mittwoch	Samstag
Trainingsziel:	GA1	GA1	GA1
Trainingsmethode:	EDM	EDM	EDM
Trainingsintensität:	60% Hfmax	60% Hfmax	65 % Hfmax
Trainingsherzfrequenz (Pulsobergrenze):	Pulsobergrenze: 90 S/min	Pulsobergrenze: 90 S/min	Pulsobergrenze: 98 S/min
Trainingsdauer:	50 min	50 min	50 min
Trainingsgerät:	Fahrradergometer	Fahrradergometer	Fahrradergometer
Woche 2	Montag	Mittwoch	Samstag
Trainingsziel:	GA1	GA1	GA1
Trainingsmethode:	EDM	EDM	IDM
Trainingsintensität:	65% Hfmax	70% Hfmax	75 % Hfmax
Trainingsherzfrequenz (Pulzobergrenze):	Pulsobergrenze: 98 S/min	Pulsobergrenze: 105 S/min	Pulsobergrenze: 113 S/min
Trainingsdauer:	50 min	50 min	40 min
Trainingsgerät:	Fahrradergometer	Fahrradergometer	Fahrradergometer
Woche 3	Montag	Mittwoch	Samstag
Trainingsziel:	GA1	GA1	GA1
Trainingsmethode:	EDM	EDM	EDM
Trainingsintensität:	65% Hfmax	70% Hfmax	70% Hfmax
Trainingsherzfrequenz (Pulzobergrenze):	Pulsobergrenze: 98 S/min	Pulsobergrenze: 105 S/min	Pulsobergrenze: 105 S/min
Trainingsdauer:	55 min	55 min	55 min
Trainingsgerät:	Fahrradergometer	Fahrradergometer	Fahrradergometer
Woche 4	Montag	Mittwoch	Samstag
Trainingsziel:	REKOM und Einführung ins Laufband	REKOM	REKOM
Trainingsmethode:	EDM	EDM	EDM
Trainingsintensität:	55% Hfmax	60% Hfmax	55% Hfmax
Trainingsherzfrequenz (Pulzobergrenze):	Pulsobergrenze: 83 S/min	Pulsobergrenze: 90 S/min	Pulsobergrenze: 83 S/min

Trainingsdauer:	35 min	45 min	35 min
Trainingsgerät:	Laufband	Fahrradergometer	Laufband
Woche 5	Montag	Mittwoch	Samstag
Trainingsziel:	GA1/GA2	GA1	GA2
Trainingsmethode:	EDM	EDM	EDM
Trainingsintensität:	75% Hfmax	60% Hfmax	75% Hfmax
Trainingsherzfrequenz (Pulzobergrenze):	Pulsobergrenze: 113 S/min	Pulsobergrenze: 90 S/min	Pulsobergrenze: 113 S/min
Trainingsdauer:	55 min	45 min	60 min
Trainingsgerät:	Fahrradergometer	Laufband	Fahrradergometer
Woche 6	Montag	Mittwoch	Samstag
Trainingsziel:	GA1	GA2	GA1
Trainingsmethode:	EDM	IDM	EDM
Trainingsintensität:	65% Hfmax	80% Hfmax	65% Hfmax
Trainingsherzfrequenz (Pulzobergrenze):	Pulsobergrenze: 98 S/min	Pulsobergrenze: 120 S/min	Pulsobergrenze: 98 S/min
Trainingsdauer:	50 min	60 min	50 min
Trainingsgerät:	Laufband	Fahrradergometer	Laufband
Woche 7	Montag	Mittwoch	Samstag
Trainingsziel:	GA2	GA1	GA2
Trainingsmethode:	IDM	EDM	EIM
Trainingsintensität:	80% Hfmax	70% Hfmax	80% Hfmax
Trainingsherzfrequenz (Pulzobergrenze):	Pulsobergrenze: 120 S/min	Pulsobergrenze: 105 S/min	Pulsobergrenze: 120 S/min
Trainingsdauer:	60 min	50 min	LZI: 7 Intervalle je 4 min Pause: 3 min Gesamtbelastungsdauer: 49 min
Trainingsgerät:	Fahrradergometer	Laufband	Fahrradergometer
Woche 8	Montag	Mittwoch	Samstag
Trainingsziel:	REKOM	REKOM	REKOM
Trainingsmethode:	EDM	EDM	EDM
Trainingsintensität:	60% Hfmax	60% Hfmax	60% Hfmax
Trainingsherzfrequenz (Pulzobergrenze):	Pulsobergrenze: 90 S/min	Pulsobergrenze: 90 S/min	Pulsobergrenze: 90 S/min
Trainingsdauer:	45 min	45 min	45 min

Trainingsgerät:	Laufband	Fahrradergometer	Laufband

3.3 Begründung zum Mesozyklus

Die Testperson hat einen zeitlichen Verfügungsrahmen von 3 Stunden pro Woche, daher wurde die Trainingsplanung auf drei Trainings je maximal 60 Minuten aufgeteilt. In der folgenden Tabelle werden die Gesamttrainingszeiten der Testperson pro Woche aufgelistet.

Tab. 8: Zusammenfassung der Gesamttrainingszeit des Mesozyklus (eigene Darstellung)

Woche	Woche 1	Woche 2	Woche 3	Woche 4	Woche 5	Woche 6	Woche 7	Woche 8
Trainings-zeit	150 min	140 min	165 min	115 min	160 min	160 min	159 min	135 min

Da die Testperson bei 2,67 Watt pro Kilogramm Körpergewicht liegt, ist diese im überdurchschnittlichen Bereich. Der Testperson wird eine Belastungsdauer von mindestens 30 Minuten und drei Trainings pro Woche mit einer mittleren Intensität empfohlen, um einen Trainingseffekt zu erzielen (Wehrling & Statt, 2001). Die Planung des Mesozyklus ist 3:1 aufgebaut. Es wird mit einer Belastungsphase von drei Wochen gestartet. Darauf folgt eine Entlastungsphase von einer Woche. Dies wiederholt sich noch einmal, sodass im Mesozyklus von insgesamt acht Wochen, sechs Wochen Belastungsphase und zwei Wochen Entlastungsphase vorkommen. Die Entlastungsphase ist der sogenannte Regenerations- und Kompensationsbereich (REKOM). Diese wird mit der extensiven Dauermethode durchgeführt. Hier wird ausschließlich in der aeroben Stoffwechsellage trainiert. Hierbei findet keine nennenswerte Laktatproduktion statt (Hottenrott, 2006; Zintl & Eisenhut,2001). Das Hauptziel des REKOM-Trainings besteht darin, die aktive Regeneration nach intensiven Trainingseinheiten zu fördern. Darüber hinaus können zahlreiche positive Effekte auf die Gesundheit erwartet werden. Aufgrund der Ziele der Testperson, wurden die extensive Dauermethode, die intensive Dauermethode und die extensive Intervallmethode als Traininsmethoden ausgewählt. Die extensive Dauermethode dient zum Aufbau der Grundlagenausdauer 1 (GA1). Hierbei trainiert die Testperson an der aeroben Schwelle. Das GA1 Training dient zum einen zur Aktivierung und Verbesserung des Fettstoffwechsels und zum anderen zu einer Ökonomisierung und Stabilisierung der Funktionen des Herz-Kreislauf-Systems. Somit kann der Ruhepuls der Testperson gesenkt werden. Um die Belastungsintensität zu steigern wurde die intensive Dauermethode eingesetzt. Hierbei liegt die Belastungsintensität an der anaeroben Schwelle (Neumann et al., 2007, S.132). Aufgrund der Laktatbildung wird die Testperson, die auf dem Fahrradergometer oder Laufband beanspruchte Beinmuskulatur, deutlich spüren. Die extensive Intervallmethode dient zur Entwicklung der Grundlagenausdauer 2 (GA2). Ebenfalls sorgt diese Trainingsmethode für etwas Abwechslung im Trainingsplan der Testperson. Um die Effektivität des Ausdauertrainings zu gewährleisten, ist eine Belastungssteigerung von Woche zu Woche nötig. Hier gilt: Häufigkeit vor Umfang vor Intensität. Da die Testperson nur drei mal die Woche Zeit für eine Trainingseinheit hat, wurde im Mesozyklus der Umfang und die Intensität kontinuierlich gesteigert. Die Trainingsmethoden und deren Bereiche sind in Tabelle 6 ersichtlich. Die Einteilung der Intensität im Mesozyklus erfolgte entsprechend der vorgegebenen Trainingsmethoden. Die Testperson steigt mit einer Trainingsintensität von 60% Hfmax in der extensiven Dauermethode ein, um sie an das nun drei mal wöchentliche Training zu gewöhnen. Innerhalb des gesamten Mesozyklus steigt die Intensität auf bis zu 75% Hfmax an. Die intensive Dauermethode wird von 75% Hfmax auf 80% Hfmax gesteigert. In der siebten Woche erfolgt ein Training mit der der extensiven Intervallmethode bei 80% Hfmax. Im REKOM-Bereich trainiert die Testperson mit einer Intensität von 55% Hfmax bis 60% Hfmax. Für das Ausdauertraining wurde das Fahrradergometer ausgewählt, da die Testperson seit einem Jahr auf diesem Trainiert und seit sechs Monaten an einem Spinningkurs teilnimmt. Das Laufband wurde zur Abwechslung mit eingebunden, hier erfolgte eine Einführung, wie in der Detailplanung des Mesozyklus (Tab. 7) ersichtlich. Das Laufband eignet sich gut, da dort mit einem natürlichen Bewegungsablauf trainiert wird.

4   Teilaufgabe 4 – Literaturrecherche

Im folgenden Kapitel werden zwei Studien zum Thema „Effekte des Ausdauertrainings bei Fettstoffwechselstörungen" dargestellt.

Tab. 9: Hochintensives Intervalltraining als Mittel zur Bekämpfung von Dyslipidämie bei Frauen (modifiziert nach Alvarez et al., 2018)

Fragestellung	Studie 1
Wer hat die Studie durchgeführt?	Cristian Alvarez, Rodrigo Ramirez-Campillo, Cristian Martinez-Salazar, Angélica Castillo, Francisco Gallardo und Emmanuel Gomes Ciolac
Erscheinungsjahr der Studie:	2018
Forschungsfrage der Studie:	Wie wirkt sich HIIT Training (High-Intensity-Intervall-Training) zur Bekämpfung von Dyslipidämie bei erwachsenen Frauen aus?
Versuchspersonen der Studie:	- Erwachsene Frauen (unter 60 Jahren) - Sitzend, übergewichtig oder fettleibig - Mit Typ- 2- Diabetes mellitus, alleinige Dyslipidämie, Dyslipidämie in Verbindung mit Hyperglykämie oder gesunder Kontrolle
Versuchsblauf der Studie:	- Frauen wurden in 4 verschiedene Gruppen eingeteilt - 1. Gruppe: mit Typ- 2- Diabetes mellitus (T2DM, n=13) - 2. Gruppe: alleinige Dyslipidämie (DYS, n=12) - 3. Gruppe: Dyslipidämie in Verbindung mit Hyperglykämie (DYSHG, N=12) - 4. Gruppe: gesunde Kontrolle (CON, n=10) - Untersuchung und Dokumentation der Lipid-, Glukose-, Blutdruck-, Ausdauerleistungs- und Anthropometrie-Variablen - Gruppen führten 16 Wochen dreimal wöchentlich ein hochintensives Intervalltraining (HIIT) durch - Erneute Untersuchung und Dokumentation der Lipid-, Glukose-, Blutdruck-, Ausdauerleistungs- und Anthropometrie-Variablen
Ergebnisse und Schlussfolgerung der Studie:	- In allen Gruppen sanken die Triglyceride signifikant (P<0.05) - Das High-Density-Lipoprotein stieg bei T2DM, DYS und DYSHG (P<0,01) - Das Low-Density-Lipoprotein sank nur bei DYSHG (P<0,05) - Gesamtcholesterin sank nur bei DYS und DYSHG (P<0,01) - Nüchternblutzucker sank signifikant bei T2DM, DYS und DYSHG (P<0,05), wobei die Abnahme bei T3DM und DYSHG höher war - Verbesserung von Blutdruck, Ausdauerleistung und Körperzusammensetzung in allen Gruppen (P<0,05) - Das HIIT-Programm (High-Intensity-Intervall-Training) brachte das Lipidprofil (Cholesterinwerte) von Personen mit Dyslipidämie (Fettstoffwechselstörung) und Dyslipidämie mit

	hohem Blutzucker auf ähnliche Werte wie bei Personen
	ohne Fettstoffwechselstörung
	- Dabei wurde nur ein wöchentlicher Zeitaufwand von 25 bis 56 % des Minimums, das in den aktuellen Trainingsrichtlinien empfohlen wird, benötigt
	- Ergebnisse zeigen, dass HIIT eine zeiteffiziente Intervention sein kann um Dyslipidämie entgegenzuwirken

Tab. 10: Auswirkungen eines 4-wöchigen Ergometertrainings mit einer Intensität von 30 % bzw. 50 % der maximalen Leistung in einem stationären Umfeld (modifiziert nach S Ehrendorfer und P Haber, 1995)

Fragestellung	Studie 2
Wer hat die Studie durchgeführt?	S Ehrendorfer und P Haber
Erscheinungsjahr der Studie:	1995
Forschungsfrage der Studie:	Wie wirkt sich ein 4-wöchiges Fahrradergometertraining von 30% und 50% Trainingsintensität auf Patienten mit koronarer Herzkrankheit und/oder Bluthochdruck und/oder Hyperlipidämie aus?
Versuchspersonen der Studie:	- 30 Teilnehmer mit koronarer Herzkrankheit und/oder Bluthochdruck und/oder Hyperlipidämie
Versuchsablauf der Studie:	- Alle Teilnehmer verzichten auf andere Trainingsübungen, führten die gleiche Ernährung durch (800-1200 kcal/Tag), erhielten die gleiche Physiotherapie und die derzeitige Medikation wurde beibehalten - Individuelle maximale physische Arbeitskapazität wurde durch symptombegrenzte Fahrradergometrie ermittelt und durch eine individuelle Trainingsfrequenz kontrolliert - Einteilung in zwei Gruppen je 15 Teilnehmer - 4-wöchiges Fahrradergometertraining (wöchentliche Trainingszeit: 120 min., bestehend aus 8 Einheiten je 15 min.) - 1. Gruppe führte das Training mit einer Intensität von 30% der individuellen maximalen physischen Arbeitskapazität (PWC) durch - 2. Gruppe führte das Training mit einer Intensität von 50% der individuellen maximalen physischen Arbeitskapazität (PWC) durch
Ergebnisse und Schlussfolgerung der Studie:	- Die höhere Trainingsintensität führte zu einem deutlichen Anstieg der PWC um 16% - Die Gruppe mit der niedrigeren Trainingsintensität verbesserte die PWC nur um 5%

	- Es zeigten sich keine signifikanten Unterschiede zwischen den beiden Gruppen - In beiden Gruppen reduzierte sich das Körpergewicht um ca. 6%, der Cholesterin- und Low Density Lipoprotein (LDL)-Wert reduzierte sich signifikant und die Herzfrequenz sowie der Blutdruck nahm ebenfalls in beiden Gruppen ab - Die Hauptwirkungen der 4-wöchigen Indoor-Rehabilitation auf den Fettstoffwechsel und den Blutdruck können im Allgemeinen auf die Ernährung und die Gewichtsabnahme zurückgeführt werden - Offensichtlich war die 4-wöchige Dauer des Ausdauertrainings zu kurz, um weitere Effekte zu erzielen. Obwohl das intensivere aerobe Training bei PWC effektiver war, konnte es keine besseren Ergebnisse in Bezug auf den Fettstoffwechsel, die Herzfrequenz oder den Blutdruck zeigen

5   Literaturverzeichnis

Alvarez, C., Ramirez-Campillo, R., Martinez-Salazar, C., Castillo, A., Gallardo, F. & Ciola, E. G. (2018). *International Journal of Sports Medicine.* Stuttgart Georg Thieme Verlag KG.

Deutsche Gesellschaft für Kardiologie - Herz- und Kreislauffroschung e. V. & Deutsche Hochdruckliga e. V. (2018). *ESC/ESH Pocket Guidelines.* o. O.: Börm Bruckmeier Verlag GmbH.

Ehrendorfer, S., Haber, P. (1995). *Wiener klinische Wochenschrift – The Central European Journal of Medicine.* Wien Springer-Verlag GmbH Austria, part of Springer Nature

Eifler, C. (2022). *Studienbrief Trainingslehre I (rev.28.049.000).* Saarbrücken: Deutsche Hochschule für Prävention und Gesundheitsmanagement.

Gallagher, D., Heymsfield, SB., He, M., Jebb, SA., Murgatroyd, PR., Sakamoto, Y. (2000). *The American Journal of Clinical Nutrition* Healthy percentage body fat ranges: an approach for developing guidelines based on body mass index1–3. S. 696

Hottenrott, K. (2006). Trainingskontrolle mit Herzfrequenz-Messgeräten (1. Aufl.). Aachen: Meyer & Meyer.

Institut für Prävention und Nachsorge. (2004). IPN-Test® – Ausdauertest für den Fitness- und Gesundheitssport. Köln: Institut für Prävention und Nachsorge (IPN).

Neumann, G., Pfützner, A. & Berbalk, A. (2007). Optimiertes Ausdauertraining (5., überarb. Aufl.). Aachen: Meyer & Meyer.

Kettenis, L., Eifler, C. (2022). *Studienbrief Trainingslehre II (rev.28.053.000)*. Saarbrücken: Deutsche Hochschule für Prävention und Gesundheitsmanagement.

Trunz, E. (2001). IPN-Test® – Ausdauertest für den Fitness- und Gesundheitssport. Köln, Institut für Prävention und Nachsorge. Köln.

Wehrlin, J., Held, T., (2001). *Therapeutische Umschau*. Göttingen, Hogrefe Verlag GmbH & Co. KG

Weineck, J. (2003). Ausdauertraining. Trainingssteuerung über die Herzfrequenz- und Milchsäurebestimmung. Balingen: Spitta.

Zintl, F. & Eisenhut, A. (2001). Ausdauertraining. Grundlagen Methoden Trainingssteuerung (5. überarb. Aufl.). München: BLV.

6 Tabellenverzeichnis

BEI GRIN MACHT SICH IHR WISSEN BEZAHLT

- Wir veröffentlichen Ihre Hausarbeit,
  Bachelor- und Masterarbeit

- Ihr eigenes eBook und Buch -
  weltweit in allen wichtigen Shops

- Verdienen Sie an jedem Verkauf

Jetzt bei www.GRIN.com hochladen
und kostenlos publizieren